# NFT
# (Gettoni non fungibili)
# 2021-2022

Una guida per principianti al futuro del commercio
di arte, oggetti da collezione
e beni digitali

STELLAR MOON PUBLISHING

# Disclaimer

# Introduzione

Questo hype non ha eguali: La domanda di NFT è alta e in aumento, il mercato del trading di asset digitali è diventato un business lucrativo.

Artisti, investitori e collezionisti stanno percependo nuove opportunità, perché i token virtuali stanno aprendo le porte ad un mercato futuro potenzialmente enorme. Un NFT dell'artista grafico Mike "Beeple" Winkelmann ha già raggiunto i 69 milioni di dollari, e anche i memi stanno passando di mano a prezzi a sei cifre.

Cosa sono esattamente gli NFT e per cosa possono essere usati?
Il termine "Non-Fungible Token" (NFT) è un'abbreviazione di "Non-Fungible Token".

A differenza del Bitcoin o di qualsiasi altra banconota, gli NFT sono distinti, il che significa che sono completamente diversi e non intercambiabili.
A causa di questo, un NFT può essere quasi senza valore, mentre un altro può essere venduto all'asta a un imprenditore di Singapore per 69 milioni di dollari.

Così, mentre le criptovalute possono essere scambiate allo stesso modo del denaro regolare, gli NFT dimostrano la proprietà legale così come la proprietà di opere e media digitali. Gli NFT possono anche essere firmati crittograficamente, garantendone la proprietà.

Che si tratti di immagini, musica, biglietti per eventi virtuali, o nomi utente e oggetti nei giochi per computer: Tutti questi beni digitali sono commerciabili grazie agli NFT, che certificano anche rivendicazioni di proprietà legalmente valide.

Le proprietà di NFTS sono attualmente memorizzate principalmente come un componente della blockchain di Ethereum.

Questo libro sugli NFT è stato compilato dagli esperti di criptovalute di Stellar Moon Publishing e ti insegnerà tutto quello che devi sapere sul futuro del commercio di beni digitali.

Ti abbiamo coperto, dalle tendenze attuali a tutto quello che devi sapere sull'acquisto o la vendita di NFT!

# Tabella dei contenuti

# I nostri libri

Dai un'occhiata al nostro altro libro per saperne di più sul trading di criptovalute, sugli investimenti, su come trarre profitto e sui consigli e le strategie essenziali per un inizio a prova di fallimento nell'universo delle criptovalute.

Unisciti all'esclusivo circolo editoriale di Stellar Moon!

Avrai accesso immediato alla mailing list con gli aggiornamenti dei nostri esperti ogni settimana!

**Iscriviti qui oggi:**

DMM

# Cosa sono esattamente le NFT?

Come abbiamo già detto nell'introduzione, un NFT sta per "Non-Fungible Token" e con questo termine descrive un valore non scambiabile.

Così, un NFT è in contrasto con i valori scambiabili, come una valuta. Fungibilità, o intercambiabilità, è un termine usato in economia e finanza. È la capacità di scambiare un oggetto con un oggetto simile di valore comparabile. Per esempio, quattro banconote da 5 euro possono essere scambiate con una da 20 euro senza alcun cambiamento di valore. I valori non "fungibili", NFT, sono l'esatto opposto. Ogni NFT è unico e non può essere sostituito da un altro oggetto.

Un buon esempio di questi oggetti che non possono essere sostituiti sono, per esempio, i quadri famosi. Non si può sostituire un quadro originale di van Gogh con un poster del negozio del museo. Il poster non ha lo stesso valore del quadro reale.

### La differenza tra fungibile e non fungibile

Per capire cosa rende l'NFT così unico, bisogna prima capire la distinzione tra materiali fungibili e non fungibili. Quando qualcosa è fungibile, significa che è intercambiabile in modo omogeneo. Le banconote o i metalli preziosi sono esempi di questo nel mondo reale: un grammo di oro puro vale lo stesso di un altro grammo di oro puro. E non importa se dai a qualcuno una banconota da dieci euro se non ti restituisce esattamente la stessa banconota.

Quando qualcosa non è fungibile, tutto questo cambia. Anche se due oggetti possono sembrare identici a prima vista, entrambi possiedono informazioni o proprietà uniche che li rendono insostituibili o non intercambiabili.

Un biglietto aereo è un esempio di bene non fungibile. A prima vista, i biglietti aerei sembrano essere uguali, ma ogni biglietto contiene un diverso nome del passeggero, destinazione e numero di posto.

Di conseguenza, scambiare un biglietto aereo con un altro potrebbe avere serie conseguenze. Nel regno digitale, è analogo ai NFT. I domini Internet sono un altro esempio, perché ogni dominio può esistere solo una volta.

**Qual è la differenza tra gettoni non fungibili e fungibili?**

I token non fungibili possono limitare e rappresentare le cose nello spazio digitale in un modo unico. Molte altre criptovalute e token, come Bitcoin ed Ether, sono fungibili. Non noteresti una differenza se mandassi a qualcuno ether e ricevessi ether in cambio.

Lo stesso vale per i token: la maggior parte dei token sono attualmente basati sullo standard ERC-20 di Ethereum. Per semplicità, consideriamo ognuno di questi token come una banconota da dieci euro. Se si invia questo gettone a qualcuno e poi se ne riceve un altro una settimana dopo, questo gettone è identico all'altro.

Con i token non fungibili, tutto questo cambia. Attualmente, la maggior parte dei NFT sulla Ethereum Blockchain aderiscono allo standard ERC-721. I token di questo standard possono essere paragonati alle carte commerciali Pokémon o Yu-Gi-Oh. Ogni token ha il proprio set di caratteristiche e un diverso livello di rarità.

C'è un'altra differenza significativa di cui dovresti essere consapevole. I gettoni fungibili sono divisibili, il che significa che una frazione di un Bitcoin o di un altro gettone ERC-20 può essere inviata o posseduta. Simile al contante, si può pagare con una banconota da dieci euro e avere il resto indietro.

I gettoni non fungibili, invece, non possono essere condivisi e devono essere acquistati o venduti per intero. In modo simile alle carte collezionabili, dove nessuno comprerebbe solo mezza carta.

SiCK
MiX
DUCK
COMBO
@combo-ck

# Casi d'uso per gli NFT

Le applicazioni per NFT sono virtualmente illimitate. I token non fungibili, infatti, possono servire come base per una nuova economia digitale basata sulla tecnologia blockchain. Il mondo reale e il mondo digitale possono coesistere con l'aiuto di NFT.

Oltre a mappare la scarsità e l'unicità nello spazio esclusivamente digitale, il processo di digitalizzazione di oggetti e beni dal mondo fisico a quello virtuale è anche molto facilitato.

**Giochi**

La vendita di armi o skin rare in giochi popolari come World of Warcraft, Fortnite, CS: GO e League of Legends è attualmente vietata. Inoltre non è possibile combinare oggetti o skin di giochi diversi. Sarebbe possibile trasferire oggetti e assegnare chiaramente i diritti di proprietà utilizzando gli NFT. Questo allevierebbe alcuni dei fastidi più significativi sperimentati dai giocatori accaniti.

**Arte**

Proteggere i loro diritti d'autore e fare soldi nell'era digitale è spesso un incubo per gli artisti.

Qualcuno può usare gli NFT per acquistare un'opera d'arte e presentarla in uno spazio virtuale, con la blockchain che prova la proprietà.

Questo permette agli artisti di proteggere i loro diritti d'autore e di mantenere una porzione maggiore dei proventi della vendita. Inoltre, una NFT può essere configurata in modo tale da generare una fonte ricorrente di reddito da ogni successiva vendita della NFT. Diverse NFT sono state vendute recentemente per centinaia di migliaia di euro, e molti si aspettano che il settore delle NFT d'arte cresca drammaticamente in futuro.

## Collezionismo

Gli NFT sono già utilizzati per creare tipi completamente nuovi di oggetti da collezione, come si è visto con i CryptoKitties, il Fantasy Football Game Sorare, e l'NBA Top Shot di Dapper Labs.

Sorare, per esempio, permette agli utenti di acquistare versioni tokenizzate dei loro giocatori preferiti. Il concetto è simile alle immagini della collezione Panini che molte persone ricordano dalla loro infanzia. Lo stesso principio viene ora applicato nel mondo digitale sotto forma di oggetti da collezione digitali, che rappresentano digitalmente il possesso di una trading card.

## Attività finanziarie

C'è un considerevole mercato NFT per i beni virtuali. È possibile acquistare terreni virtuali su piattaforme come Decentraland e Cryptovoxels.

Questi lotti, come quelli del mondo reale, hanno caratteristiche distinte.

Queste proprietà vengono già scambiate per decine di migliaia di euro nei mondi virtuali. Inoltre, il sito Unstoppable Domains ha tokenizzato i nomi di dominio. Qualsiasi nome di un sito web può essere convertito in un NFT che chiunque può scambiare liberamente.

Anche se quest'area di NFT è ancora nella sua infanzia, beni reali come opere d'arte o contratti discografici possono essere tokenizzati come NFT. Gli NFT sono usati per provare (parzialmente) la proprietà di un'opera d'arte o per regolare le richieste di royalties.

**Identità**

Ognuno è unico, dal suo aspetto ai suoi titoli di studio e alla sua storia medica. È possibile tokenizzare questa identità usando token non fungibili. Questo significa che tutti i dati disponibili su una persona possono essere rappresentati come un NFT, permettendo alle persone di riprendere il controllo dei loro dati.

# Perché dovreste comprare gli NFT?

Un'immagine può essere vista, copiata e salvata online da quasi chiunque. Un NFT, invece, fornisce all'acquirente qualcosa che non può essere duplicato. In particolare, la proprietà di un'opera. Gli NFT possono essere paragonati a oggetti da collezione.

Come quadri, francobolli e fumetti, ma in forma digitale. Tuttavia, a prima vista, sembra che si stia acquistando qualcosa che è già liberamente disponibile su Internet. Per esempio, fotografie e video. Una schiacciata di LeBron James è stata recentemente venduta come trading card per 208.000 dollari. Il video, tuttavia, è liberamente disponibile su Internet.

Il problema qui è che un oggetto da collezione nella vita reale è tangibile. Un dipinto, come la Monna Lisa, può apparire diversamente da una copia di un poster. Al contrario, gli NFT digitali sono visivamente indistinguibili dalle loro copie. Solo l'uso della crittografia sottostante assicura che sia l'originale.

Quindi, un NFT ha valore solo perché altri gli attribuiscono un valore fittizio.

Nel contesto della schiacciata di LeBron, questo significa che la trading card che include il video è la clip ufficiale della NBA.

Avere la clip ufficiale aggiunge prestigio alla carta, aumentandone il valore. Solo chi ha questa carta ha la vera proprietà della clip. Tutto il resto è un'imitazione.

## Come ci si assicura che gli originali non siano semplicemente copiati?

La blockchain di Ethereum include le NFT. Questa è la struttura fondamentale per la criptovaluta "Ether", che è la seconda più preziosa al mondo dopo Bitcoin. Mentre altre blockchain hanno implementato le NFT, la rete Ethereum rimane la più grande piattaforma NFT.

Di conseguenza, gli NFT sono un tipo di criptovaluta. Tuttavia, sono distinti da Bitcoin, Ether e altre criptovalute. Hanno una firma digitale, simile a quella di un grande pittore. Questo significa che l'originale può sempre essere identificato come tale, anche se ci sono molte copie simili di esso.

La blockchain è analoga a un sistema contabile per i conti, ma è interamente online e digitale. È un metodo sicuro per tracciare la vendita di oggetti digitali. I NFT, d'altra parte, sono memorizzati come una stringa di numeri e lettere, al contrario di un libro contabile.

Questo certificato virtuale memorizza le informazioni sul proprietario o il titolare di un NFT, così come la data di vendita e a chi è stato venduto.

La transazione di denaro spesa per un NFT viene aggiunta alla lista delle transazioni precedenti con l'acquisto. La memorizzazione di questi dati nella blockchain assicura l'autenticità e l'unicità del NFT.

## Chi ha bisogno degli NFT, in primo luogo?

Questo risolve un problema che molte persone creative affrontano su Internet.

Permette loro di assicurarsi che le loro opere non siano semplicemente copiate e distribuite su Internet. Il valore di un originale unico aumenta con la sua creazione. Solo un originale autentico di ogni NFT può esistere.

Di conseguenza, l'obiettivo è quello di creare una scarsità artificiale. Un buon esempio è un servizio di streaming come Spotify. I musicisti ricevono solo una piccola quantità di denaro per le loro canzoni su Spotify. Tuttavia, se una canzone è disponibile come NFT come originale su Internet solo una volta, il suo valore sale alle stelle.

Ci possono essere più copie della canzone, ma solo una persona può possedere l'originale. Inoltre, il creatore di un NFT può stipulare in esso, per esempio, che una certa somma gli venga pagata ogni volta che il gettone viene rivenduto.

I creatori possono ora offrire oggetti per i quali prima non esisteva una piattaforma di vendita grazie alle NFT. GIF o adesivi, per esempio, da inviare via Messenger.

In teoria, le NFT possono essere qualsiasi cosa che può essere memorizzata digitalmente. Tuttavia, al momento, l'enfasi è sull'arte digitale.

**Le NFT sono guidate dalla speculazione.**

Gli NFT sono anche un modo per i campionatori non specializzati di fare soldi. Sul mercato dell'arte, si può comprare un NFT e speculare che il suo valore aumenterà.

Qualcuno, per esempio, ha comprato un "Gucci Ghost" per 3600 dollari USA sul sito web "Nifty Gateway" e ora vuole 16.300 dollari USA per averlo. La tariffa originale per la creazione dell'immagine era di 200 dollari USA.

**Quali sono i tipi di NFT?**

Gli NFT sono utilizzati, arte digitale e collezionismo sportivo, ma anche i videogiochi. Una delle prime applicazioni che ha fatto uso del principio NFT è stato il gioco di collezionismo digitale "CryptoKitties" del 2017. I giocatori del gioco potevano comprare, scambiare e allevare gatti da collezione. Ogni nuovo gatto era un NFT, garantendo così l'autenticità e l'unicità.

La copia originale di "Nyan Cat", un popolare meme del 2011 che era parte gatto, parte pop-tart (un dolce americano), è stato venduto in un'asta online nel mese di febbraio per 300 etere (circa 600.000 dollari).

I Kings of Leon, una band statunitense, ha raccolto 2 milioni di dollari pubblicando un album solo digitale.

A marzo, il primo tweet del fondatore di Twitter Jack Dosey è stato venduto per 2,5 milioni di dollari. Anche il New York Times vende articoli come NFT per la miseria di 560.000 dollari.

Sempre a marzo, la casa d'aste Christie's ha messo all'asta la sua prima opera d'arte puramente digitale sotto forma di NFT per 69 milioni di dollari - un collage di immagini chiamato "The First 5000 Days", che era stato in lavorazione per 13 anni.

L'NBA statunitense, per esempio, mostra come gli NFT funzionano come trading cards con Top Shot. Gli utenti possono usarlo per raccogliere brevi video di highlights di basket. Da ottobre 2020, NBA Top Shot ha generato più di 333 milioni di dollari USA.

Naturalmente, il fatto che un NFT sia unico non significa che ogni oggetto esista solo una volta. Le carte da collezione, per esempio, possono esistere più volte, proprio come nella vita reale. Grazie alla blockchain, però, è possibile tracciare quando ogni singola carta è passata di mano.

**Perché alcuni NFT valgono milioni di euro?**

Qui è dove le cose diventano eccitanti e potenzialmente pericolose. Le opinioni su NFT variano notevolmente, proprio come su Bitcoin e altre criptovalute. Alcuni vedono i token come una rivoluzione inevitabile nel mondo dell'arte, mentre altri li vedono come una trovata con un enorme potenziale di perdita.

Anche se non si possono appendere gli NFT al muro, i gettoni sono già stati venduti a prezzi esorbitanti: Il primo tweet di Jack Dorsey è stato venduto per 2,5 milioni di dollari, una collezione del creatore di Rick and Morty Justin Roiland è stata venduta per 2,3 milioni di dollari e la "Disaster Girl" Zo Roth ha venduto un NFT dei suoi meme per ben 500.000 dollari.

Somme così grandi sono possibili solo quando esiste una domanda corrispondente, che attualmente è particolarmente alta a causa del clamore che circonda l'NFT. Gli speculatori e i collezionisti ne sono attratti.

Inoltre, l'arte digitale è indiscutibilmente un potente mercato del futuro, quindi NFT è destinato a scuotere alcune persone nell'industria dell'arte.

Naturalmente, questo non è una garanzia di ricchezza istantanea; le bolle possono formarsi in NFT, e possono verificarsi grandi perdite - ma anche profitti massicci.

## C'è un futuro per gli NFT?

Possiamo solo speculare, ma al momento tutto sembra puntare in quella direzione. Se l'arte digitale è praticabile in futuro, allora è probabile che lo siano anche gli NFT.

Molte altre aree di applicazione sono teoricamente possibili. I token potrebbero essere usati come biglietti a prova di falsificazione per eventi che vanno dai concerti ai parchi acquatici, oltre a servire come certificato di autenticità.

Gli oggetti non digitali potrebbero essere verificati con loro un giorno, e potrebbero anche essere usati per identificare le persone, per esempio, con le autorità o gli uffici pubblici.

Ci sono anche giochi per computer in cui le NFT prendono la forma di oggetti, personaggi o terreni virtuali. Anche Binance, la più grande piattaforma di trading di criptovalute del mondo, è entrata nella mischia: Noch nel giugno 2021, sarà istituito un mercato separato per le criptovalute.

A questo proposito, si deve considerare sia la vendita di articoli premium di alto prezzo che la vendita di prodotti Otto-Normali: Un secondo mercato per tutti dovrebbe permettere lo scambio di merci traballanti.

Binance inizierà con una commissione dell'1%, il che implica che l'azienda sta scommettendo su un mercato in crescita.

Quindi sembra che gli NFT siano qui per rimanere, e potrebbero essere un'opzione di investimento molto interessante e redditizia.

# Problemi di NFT

## Chi garantisce che un'opera rimanga unica?

Comprare un NFT da un artista, a proposito, non significa che loro perdano il loro copyright su di esso. Questo è uno dei potenziali problemi con gli NFT. Dopo tutto, cosa succede se qualcuno decide semplicemente di vendere la stessa opera d'arte che avete già comprato una seconda volta?

Finora, il giovane mercato NFT non offre una soluzione a questo. Pertanto, è importante assicurarsi che la persona che vende sia affidabile. Il primo porto di chiamata dovrebbe quindi essere piattaforme di vendita ben note come Nifty Gateway, OpenSea e Rarible.

## Consumo di energia estremamente elevato

Le NFT, come altre criptovalute, richiedono quantità crescenti di energia perché le blockchain sono estremamente affamate di potenza di calcolo. Di conseguenza, alcuni creatori hanno già dichiarato che non creeranno più NFT in futuro per evitare di aumentare ulteriormente la domanda di energia.

Tuttavia, in ogni caso questo sarebbe un problema che dovremmo affrontare ad un certo punto. Non può essere eluso, è semplicemente una sfida nella nostra evoluzione che dovremo superare.

Dobbiamo passare a fonti di energia rinnovabile il più presto possibile e in sostanza, le criptovalute potrebbero aiutare con questo problema, a causa dell'urgenza e del fatto che a un certo punto, i combustibili fossili si esauriranno.

## Le NFT non sono protette dalla cancellazione

Invece di acquistare, per esempio, un quadro da appendere in salotto, quando si acquista un NFT, si acquista solo un tipo di atto di proprietà, non il NFT stesso.

L'atto della blockchain contiene tutte le informazioni sulla paternità, le transazioni e la proprietà di un NFT, e come tale non può essere cancellato. Il NFT, d'altra parte, deve essere memorizzato su un server da qualche parte.

L'acquisto di un NFT ti garantisce essenzialmente l'accesso al NFT. Se il sito web viene cancellato o il server dove l'NFT è memorizzato viene trasferito, questo codice non vi porterà da nessuna parte. In questo caso, possedere un NFT equivale essenzialmente a possedere un link morto su Internet.

## La questione del valore

È anche discutibile che il possesso di un NFT unico lo renda prezioso. È vero che un compratore o un acquirente possiede la NFT originale e autentica. Tuttavia, poiché si tratta di arte digitale, quella persona non può impedire ad altri di copiare l'immagine e condividerla online.

Quindi gli NFT sono una bolla digitale in evoluzione? Gli investitori continuano a credere che gli NFT siano la prossima rivoluzione digitale. Ma ci sono ancora molte domande senza risposta. Se si compra un NFT, chi garantisce che varrà i soldi? Il valore di un oggetto è solo finché ci sono persone che spendono soldi per esso. Come altre criptovalute, gli NFT non hanno un valore equivalente nel mondo reale. Se, per esempio, tutti decidessero da un giorno all'altro di trasformare tutti i loro NFT in denaro, chi li comprerebbe?

**Tasse del gas**

A causa dei prezzi di vendita follemente alti che fanno notizia, molte persone si stanno avventurando nel commercio di gettoni digitali da collezione. Ma le cose non vanno sempre come previsto.

Robert Martin, un senior content strategist di Kapwing, una piattaforma di marketing digitale, ha sperimentato il trading di NFT. Dice a Insider che il processo di acquisto e vendita non è così semplice come sembra.

"Ha un'atmosfera da selvaggio West", dice Martin dopo aver pagato una tassa di transazione di più di 200 dollari, nota come tassa sul gas.

Ether (ETH), WAX e FLOW sono le criptovalute più comunemente usate sulle piattaforme di trading NFT. Gli utenti che scelgono Ethereum, la prima valuta digitale, sostengono alcuni costi. Le cosiddette tariffe del gas sono una tassa di transazione che copre i costi energetici associati all'elaborazione e alla convalida delle transazioni su blockchain. I prezzi del gas variano a seconda dell'ora del giorno.

Martin, per esempio, ha pagato circa 30 dollari per un NFT sulla piattaforma di trading Rarible utilizzando la criptovaluta Ethereum. Anche dopo che un acquirente ha offerto più di tre volte il prezzo originale entro 24 ore, ha finito per perdere più di 200 dollari sul suo token di raccolta digitale.

Anche se le commissioni di transazione variano a seconda della piattaforma di trading, molti siti popolari addebitano agli utenti una tassa per l'elaborazione e la convalida di una transazione sulla blockchain, così come un prezzo per vendere e comprare un NFT.

Inoltre, la maggior parte delle piattaforme richiede un portafoglio digitale, quindi gli utenti dovrebbero tenere conto delle commissioni di scambio per le monete digitali come l'etere.

Martin è stato preso alla sprovvista quando il suo portafoglio digitale, Rainbow Wallet, gli ha fatto pagare quasi 80 dollari per scambiare Wrapped ether (WETH) con ether regolare (ETH).

"Ho dovuto pagare per ricevere WETH, ma non era chiaro se dovevo pagare io o il mittente", spiega Martin.

Martin, essendo un nuovo utente, non capì immediatamente cosa fossero le tariffe del gas. Di conseguenza, la transazione gli sembrò un buon affare; avrebbe venduto un NFT in meno di un giorno per quasi tre volte il prezzo originale. Tuttavia, le spese aggiuntive finirono per essere superiori al prezzo di acquisto originale.

Mentre il portafoglio digitale di Martin aveva una descrizione delle tasse nella stampa fine, sarebbe stato utile se ci fosse stato un avvertimento o una notifica sulle tasse prima di fare l'acquisto.

"Le tariffe del gas possono essere un rischio per i nuovi utenti", ha detto Martin. "C'è bisogno di molte più informazioni e indicazioni su questo". Tutto sembra essere impostato per le persone che hanno già familiarità con il mondo delle criptovalute".

Rodriguez-Fraile ha detto che sapeva che il lavoro di Beeple sarebbe stato un giorno estremamente prezioso, ma non aveva idea che sarebbe passato da 67 a 6,6 milioni di dollari in pochi mesi.

"Non volevo essere qualcuno che compra qualcosa aspettandosi di fare un rapido profitto, ma non mi piace nemmeno perdere soldi", dice Rodriguez-Fraile. "Ho ricevuto un'offerta più alta per un altro pezzo di Beeple, ma l'ho tenuto per il suo significato storico". L'unica ragione per cui ho venduto l'opera d'arte 'Crossroads' era perché pensavo che potesse dare una spinta importante allo sviluppo dell'arte digitale".

# Cryptokitties ed Ethereum

CryptoKitties, un gioco costruito su Ethereum che permette ai giocatori di raccogliere, allevare e scambiare gatti virtuali, è stato uno dei primi progetti NFT a raccogliere molta attenzione.

Ogni CryptoKitty può avere un mix di caratteristiche come età, razza e colore. Come risultato, ognuno è unico e non può essere scambiato con un altro. Sono anche indivisibili, il che significa che un token CryptoKitty non può essere diviso in parti divisibili (come il gwei per l'etere).

CryptoKitties ha guadagnato notorietà dopo aver sovraccaricato la blockchain di Ethereum a causa della quantità di attività che ha generato nella rete. L'All-Time High (ATH) per il numero di transazioni giornaliere sulla blockchain di Ethereum è ancora intorno al picco di popolarità di CryptoKitties a febbraio 2020. È ovvio che il gioco ha avuto un impatto significativo sulla rete Ethereum, ma anche altri fattori, come l'aumento delle Initial Coin Offerings, hanno giocato un ruolo (ICO).

Puoi leggere di più sui futuri sviluppi dei cryptokitties nel capitolo sulla blockchain FLOW. La blockchain Flow è stata creata dagli sviluppatori di cryptokitties, a causa delle carenze della blockchain Ethereum

# Dove si possono comprare gli NFT?

Questi sono i nostri 5 migliori mercati dove puoi comprare e vendere i tuoi beni digitali NFT. Da video, immagini GIF, trading card e meme. Tutti i tipi di arte digitale possono trovare un nuovo proprietario su questi mercati.

## 5. Mercato Enjin: Un mercato di gioco

Il mercato ufficiale per gli NFT basati su Enjin è il Mercato Enjin. Gli utenti possono facilmente e rapidamente scambiare i Non Fungible Token attraverso il sito web. Enjin ha anche pubblicato una delle prime sedi di scambio per gli NFT ed è ampiamente considerato come il creatore dello standard ERC-1155. I token ENJ sono necessari per acquistare gli NFT. Avrai anche bisogno di Ethereum per elaborare le transazioni.

La piattaforma Enjin è progettata specificamente per i giocatori, con vari oggetti che possono essere utilizzati in più giochi.

Enjin Marketplace ha un grande volume di scambi, elenca migliaia di articoli e ha un'interfaccia web facile da usare.

Secondo DappReview, ci sono oltre 1 miliardo di elementi ERC-1155 per i quali oltre 1 milione di dollari è già stato depositato presso ENJ.

## 4. Rarible: Guadagna gettoni RARI scambiando NFT.

Gli NFT possono essere creati e scambiati utilizzando Rarible. RARI, il token di governance della piattaforma, è anche disponibile.

Questo token permette di votare su questioni importanti. Gli utenti hanno la possibilità di tenere gli NFT generati, darli via, o venderli e comprarli sul mercato. Inoltre, gli utenti della piattaforma Rarible riceveranno token RARI come ricompensa per lo scambio di NFT.

## 3. SuperRare: Il mercato degli artisti

SuperRare, come implica il nome, si occupa di arte estremamente rara. Di conseguenza, è un mercato NFT specializzato in opere d'arte digitali.

Con profili sociali, un'applicazione mobile, aste dal vivo e opzioni di pagamento avanzate, la piattaforma si distingue dagli altri marketplace NFT.

## 2. Decentraland: Un mercato virtuale

Decentraland è meglio descritto come un mondo virtuale simile a Minecraft dove gli NFT possono essere scambiati. Gli utenti possono anche acquisire trame uniche che possono sviluppare liberamente. Nel mondo virtuale, si può anche giocare a una varietà di giochi.

Attualmente c'è uno speciale di Halloween in cui si possono vincere scatole contenenti vari oggetti:

I possessori di token MANA possono utilizzare il token per pagare vari NFT in Decentraland. Inoltre, MANA garantisce agli utenti i diritti di governance in Decentraland. Questo permette alla comunità di votare sui contratti NFT consentiti, sulle regole del mercato e su altri processi di Decentraland.

## 1. Opensea: Un mercato globale per transazioni non finanziarie

Ad oggi, Opensea è il più grande centro di scambio di NFT, permettendo il commercio di tutti i tipi di NFT. Di conseguenza, gli utenti di Opensea possono scambiare, comprare e vendere arte, oggetti di gioco, oggetti da collezione, nomi di dominio e così via.

Tutti gli altri marketplace impallidiscono in confronto all'ampiezza dell'offerta. Inoltre, la piattaforma include una serie di funzioni d'asta ed è completamente integrata nell'infrastruttura crypto.

Nonostante sia il più grande mercato di NFT nello spazio delle criptovalute, Opensea non ha un proprio token ed è attualmente utilizzato solo come interfaccia di trading per gli NFT. Gli NFT di Decentraland, SuperRare e Enjin, per esempio, possono essere scambiati su Opensea.

# OpenSea

OpenSea è un mercato decentralizzato per i token non fungibili (NFT) per comprare, vendere e scambiare questi token unici. Loro stessi sostengono di essere la più grande piattaforma per il commercio di NFT. Per la prima volta, è possibile possedere un prodotto digitale.

In passato, vediamo che le opere d'arte esistenti, come le immagini, possono essere facilmente copiate, il che significa che i crediti non vanno più all'artista effettivo. Con la tecnologia blockchain, tutte le informazioni su queste NFT sono registrate in modo che il legittimo proprietario possa sempre essere trovato nel codice sorgente.

Questi oggetti digitali erano precedentemente parte dei dati di un'azienda. Guardiamo a giochi popolari come Fortnite. Puoi andare a cambiare il vestito del tuo avatar preferito, ma non sarà mai tuo. Questo perché ci sono regole imposte dal consiglio centrale che determinano cosa è possibile nella piattaforma e cosa no.

A differenza degli NFT, puoi andare a disegnare un vestito che non appartiene alla piattaforma, ma che è tuo. Una piattaforma come OpenSea mostra immediatamente la libertà che ognuno ha per quanto riguarda la progettazione e il commercio di NFT. OpenSea ha più di 14 milioni di articoli elencati e altri vengono aggiunti ogni giorno.

Prima di poter scambiare NFT su OpenSea, hai bisogno di un portafoglio Ethereum. Questo è un portafoglio collegato ai token ERC20 sulla blockchain di Ethereum. Puoi saperne di più sull'acquisto di NFT con un portafoglio nel prossimo capitolo.

**Come usare OpenSea**

Ci sono molti NFT in circolazione su OpenSea quindi è importante che tu possa navigare facilmente. Tramite la scheda Sfoglia puoi cercare gli articoli. Se conosci il nome della particolare opera d'arte, puoi navigare direttamente. In caso contrario, puoi usare le opzioni di filtro.

Per esempio, puoi scegliere tra arte ma anche collezionismo o sport, tra gli altri. Se scegli un segmento di mercato qui, vedrai immediatamente la collezione top e gli articoli di tendenza. Questi appaiono in cima ai risultati della tua ricerca.

Attivando dei filtri aggiuntivi, puoi scegliere di mostrare immediatamente gli NFT con il prezzo più alto, o gli articoli che stanno per scadere. Sei disposto a comprare solo un articolo che è in vendita? Ci sono diverse opzioni di filtraggio in modo che tutti possano navigare facilmente nella rete.

La rete utilizza anche diversi stati per ogni elemento. In alto, è possibile filtrare tra i tipi di NFT di default, ma sul lato sinistro del menu è possibile scegliere diversi stati:

**Compra ora**

Queste sono le opere che vengono immediatamente messe in vendita. Si tratta di opere che sono disponibili da tempo e ovviamente questo è il gruppo più grande di NFT.

**Nuovo**

Stai cercando gli ultimi NFT sulla piattaforma?

 Attraverso il filtro 'Nuovo' puoi vedere quali opere sono state aggiunte di recente alla piattaforma.

Attraverso questo filtro è possibile vedere se ci sono nuove tendenze nel mondo dell'NFT. Questo non è solo utile per comprarli, ma anche per iniziare come creatore.

**All'asta**

Accade anche più spesso che gli artisti non optino per una vendita tipica, ma decidano di mettere all'asta il loro lavoro attraverso un'asta. Questa ha una data finale fissa. Quando questa è passata, l'opera viene venduta al miglior offerente. Per ogni articolo puoi vedere qual è stata l'offerta più alta e chi l'ha fatta.


**Ha offerte**

Non tutti i lavori sono interessanti e ottengono offerte, sarebbe troppo bello. Puoi quindi scegliere di mostrare solo i beni digitali che hanno già delle offerte. In questo modo non si scorrono all'infinito nuovi lavori che non sono interessanti ma che continuano a tornare.

Questi filtri non sono separati ma possono essere combinati tra loro. Per esempio, puoi filtrare sui nuovi articoli che hanno già avuto offerte.

Perché questo è interessante? Così si può vedere qual è la domanda, quante persone sono interessate a una particolare NFT o forma d'arte.

Puoi quindi metterti al lavoro per creare tu stesso un NFT e metterlo in vendita sulla piattaforma. Per esempio, abbiamo visto nell'aprile 2021 che c'è un interesse crescente per il nuovo Polkamon.

# Come si può comprare o vendere NFTS?

Per comprare, vendere o creare un NFT hai bisogno di criptovalute, un portafoglio e alcuni altri passi per iniziare. Abbiamo spiegato questo processo in 4 semplici passi qui sotto, e questo dovrebbe portarti sulla buona strada verso la tua prima proprietà di arte digitale.

## Passo 1: fare un portafoglio

Per creare e vendere NFT, devi prima ottenere una criptovaluta. Che, a sua volta, può essere tenuta solo in un portamonete digitale (portafoglio). Ciò significa che devi prima ottenere il portafoglio. Ci sono vari fornitori per varie valute. Tuttavia, poiché le principali piattaforme di trading sono tipicamente costruite sulla blockchain di Ethereum, avrete anche bisogno della valuta corrispondente: ETH. Sulla pagina ethereum.org, puoi scoprire quali portafogli sono adatti per questo. C'è un utile wallet finder lì.

Puoi anche guardare le principali piattaforme di trading per vedere quali portafogli sono compatibili con il servizio. I portafogli, tra l'altro, sono usati solo per interagire con il tuo conto di criptovalute. Di conseguenza, cambiare fornitore è semplice.

Tieni presente che ogni blockchain ha il proprio set di standard NFT. Cioè, se crei un'opera d'arte NFT sulla blockchain Ethereum, puoi venderla solo su piattaforme che supportano Ethereum. Binance Smart Chain, Polkadot, Tron e Tezos sono alcune alternative di Ethereum. Non è difficile fornire un NFT su più blockchain.

## Passo 2: Acquistare criptovalute

Ora devi acquistare la valuta appropriata dopo aver deciso una valuta e un portafoglio. Questo di solito viene fatto direttamente attraverso l'applicazione del portafoglio. Sono disponibili vari metodi di pagamento, a seconda del fornitore. Questo passo è necessario perché le piattaforme di trading addebitano commissioni per la creazione di NFT. Un budget di circa € 100 dovrebbe essere sufficiente per iniziare.

## Passo 3: Collegare il portafoglio a un mercato NFT

Il passo successivo è quello di selezionare una sede di trading per il tuo impianto NFT. Ora c'è una vasta gamma di fornitori in questo settore. Rarible e OpenSea sono due dei più popolari. Entrambe le piattaforme hanno la funzione Create o Connect Wallet. Lì, devi selezionare il tuo portafoglio corrispondente, dopo di che puoi connetterti scansionando un codice QR.

**Passo 4: Impostare e vendere o comprare NFT**

Ora arriviamo alla parte davvero divertente del tutorial: fare le NFT. In teoria, la procedura è molto semplice. Devi prima caricare il tuo lavoro (foto, canzone o video) sulla sede di scambio appropriata in un formato di file adatto se hai qualcosa che vorresti vendere. Rarible, per esempio, accetta i seguenti formati di file: PNG, GIF, WEBP, MP4 o MP3.

Puoi quindi specificare le specifiche della vendita. Quindi non importa se si tratta di un'asta o di una vendita a prezzo fisso. Puoi anche stabilire delle royalties.

Questo significa che ogni volta che l'opera viene venduta, riceverai una percentuale del prezzo di vendita. Quando hai finito con le specifiche, clicca su "Crea" per caricare la tua opera d'arte.

Ora siete in grado di vendere i vostri NFT. Tuttavia, non è necessario vendere gli NFT. Puoi anche realizzarli senza alcuna intenzione di venderli e caricarli nella tua galleria online.

Gli NFT, a proposito, non sono legati alla piattaforma su cui sono stati creati. L'NFT è memorizzato sulla rispettiva blockchain e può essere accessibile tramite una varietà di piattaforme.

Come abbiamo già spiegato un po' come usare la piattaforma Opensea, qui vogliamo spiegare brevemente come si possono comprare NFT su questa piattaforma o creare un annuncio per vendere i propri.

**Comprare NFT su OpenSea**

L'acquisto è naturalmente anche un aspetto importante con una piattaforma di trading come OpenSea.

La domanda ovviamente non è solo perché si compra un NFT, ma anche come. Prima di tutto devi ovviamente assicurarti che il tuo portafoglio sia connesso e che tu abbia abbastanza capitale per comprare un NFT, compresi i costi del gas e della transazione.

Nella pagina panoramica si ottengono informazioni dettagliate sulla vendita ma anche sull'artista. In questo modo puoi vedere quali opere l'artista ha già realizzato. Sei un collezionista? In questo modo puoi acquistare rapidamente più oggetti dello stesso artista. Nell'esempio attuale, si tratta di un nuovo articolo che è stato appena inserito nella piattaforma e che è stato visualizzato 13 volte.

Vediamo che l'artista vuole vendere questo articolo per 50$. Sei disposto a comprarlo per l'intero importo? Se no, puoi anche scegliere di fare un'offerta informale.

In basso puoi vedere una cronologia di trading dove puoi vedere se altre parti interessate hanno fatto un'offerta e di quanto.

Questo vi darà anche un'idea se l'artista ha fissato un prezzo realistico.

## Crea il tuo elenco NFT

OpenSea non solo vuole essere un mercato per gli NFT, ma condivide anche la conoscenza su come iniziare a creare i propri oggetti.

Nel menu di creazione, puoi improvvisamente navigare verso 'sviluppare con noi'. Qui Open Sea ti offre numerosi tutorial per iniziare in modo semplice. Naturalmente puoi anche scegliere di creare il tuo NFT separatamente da questi manuali.

Il vantaggio è che non ci sono regole su questi elementi. Scegliete di fare una versione animata di un'immagine statica? Preferisci creare un'opera d'arte astratta e offrirla sulla piattaforma? Ognuno è libero di creare ciò che vuole.

Puoi anche creare il tuo NFT al di fuori della piattaforma e poi negoziarlo su OpenSea.

Quando sei connesso al tuo portafoglio, per esempio MetaMask, puoi scegliere nella tua dashboard personale di creare un nuovo NFT o di iniziare a caricare un NFT già creato.

Descrivi la tua opera d'arte o il tuo oggetto e vai avanti a crearlo da solo. Hai creato il tuo NFT attraverso un'altra piattaforma o l'hai creato tu stesso usando, per esempio, programmi di grafica? La cosa bella è che davvero tutto può essere un NFT. Vuoi fare un'opera infantile e semplice in Paint? Può darsi che tu possa venderlo per una bella somma di denaro, sempre che ci sia interesse.

Puoi caricare qui il tuo NFT dal tuo computer e apparirà immediatamente nella tua dashboard personale. La tua opera d'arte digitale è sul tuo computer e caricandola su OpenSea, la trasformi in un NFT.

Sempre sottolineando qui che non ci sono regolamenti per progettare una NFT, questa è solo la libertà che prevale nella rete decentralizzata dove ognuno può decidere cosa vuole creare e cosa vuole offrire e commerciare sulla piattaforma.

Mentre alcune NFT si concentrano principalmente su casi d'uso, si pensi ad avatar unici che possono essere utilizzati su una piattaforma di gioco, una NFT può essere altrettanto facilmente un'immagine statica che ha bisogno di immaginazione per interpretare ciò che rappresenta.

Hai un'inclinazione creativa e vuoi iniziare a progettare e commerciare NFT da solo? Allora OpenSea è una piattaforma efficace e facile da usare. Puoi vedere non solo quali oggetti vengono scambiati, ma soprattutto gli sviluppi che avvengono nel mondo degli NFT.

Scopri gli ultimi articoli e inserisci il tuo gettone unico. Quindi con tutte queste conoscenze non dovrebbe essere troppo difficile iniziare il tuo primo commercio!

I casi d'uso degli NFT non fanno che aumentare ed evolvere fino al punto in cui non ci sono quasi più limitazioni. Ci sono sempre più possibilità di integrare questi casi d'uso in un'altra piattaforma.

Finora è soprattutto l'industria in-game che sta guadagnando popolarità, ma anche l'arte, i collezionabili o l'ultima tendenza: Polkamons.

Ci saranno sicuramente più cose e varianti a venire, soprattutto perché l'industria continua ad evolversi con il finanziamento decentralizzato (DeFi). Più integrazione significa anche più classi di attività NFT e un'espansione delle possibilità e del numero di piattaforme di integrazione.

Ci sono diversi protocolli in lizza per le NFT, ma un luogo centralizzato come OpenSea per offrire e scambiare NFT guadagnerà solo popolarità man mano che i casi d'uso aumenteranno. Un vantaggio è l'alto grado di libertà dove chiunque può essere un artista per creare un NFT.

# Moneta Enjin

Abbiamo già dato una breve spiegazione sulla moneta Enjin e il marketplace Enjin, come piattaforma per i giochi nella nostra top 5 dei marketplace per NFT.

Quindi, per riassumere, prima di approfondire Enjin; Enjin Coin è una piattaforma di gioco blockchain focalizzata sulla creazione di oggetti da collezione digitali che sono veramente di proprietà dell'utente. Il progetto crypto è stato sul radar di molte persone dal 2019 in quanto hanno collaborato con Samsung. Enjin fa questo attraverso i token ERC-1155, una versione migliorata dei token ERC20 e ERC721.

Enjin Coin è una criptovaluta per l'industria del gioco. Il team vuole che questa sia la valuta che sarà usata ovunque nell'industria del gioco.

Oltre a questa criptovaluta, offrono anche una piattaforma all-in-one per sviluppare il proprio gioco, basata sulla tecnologia blockchain. Questa piattaforma è gratuita e chiunque può usarla.

Attualmente, hanno già più di 250.000 comunità di gioco collegate e ci sono ben 20 milioni di giocatori registrati sulla piattaforma. Questo dimostra che Enjin è davvero un progetto serio da tenere d'occhio.

**Enjin collega i giochi**

In molti giochi, i giocatori possono comprare cose che
rendono il loro personaggio migliore nel gioco. Un
esempio noto di questo è il gioco RuneScape, dove si
può, per esempio, comprare una spada per diventare
più forte. Queste spade sono uniche per questo gioco e
quindi non possono essere usate in un altro gioco come
League of Legends.

Ma, quanto sarebbe bello se tu potessi scambiare la tua
spada con delle rune in League of Legends (questo è un
elemento in League of Legends che rende il tuo
personaggio migliore). O se sei più un fan di FIFA,
potresti consegnare la tua spada in cambio di Cristiano
Ronaldo su FIFA. La piattaforma di Enjin mira a
consentire l'unione tra i giochi. Fanno questo
gettonando i beni di un gioco, in questo caso la spada,
le rune e Cristiano Ronaldo.

**Trasforma gli oggetti del gioco in gettoni**
In molti giochi, i giocatori possono comprare cose che
rendono il loro personaggio migliore nel gioco. Un
esempio noto di questo è il gioco RuneScape, dove si
può, per esempio, comprare una spada per diventare
più forte. Queste spade sono uniche per questo gioco e
quindi non possono essere usate in un altro gioco come
League of Legends.

Ma, quanto sarebbe bello se tu potessi scambiare la tua spada con delle rune in League of Legends (questo è un elemento in League of Legends che rende il tuo personaggio migliore). O se sei più un fan di FIFA, potresti consegnare la tua spada in cambio di Cristiano Ronaldo su FIFA. La piattaforma di Enjin mira a consentire l'unione tra i giochi. Fanno questo gettonando i beni di un gioco, in questo caso la spada, le rune e Cristiano Ronaldo.

**Quali possibilità offre la moneta Enjin?**

- **Aggiornamento dei giochi esistenti**
  Oltre a creare i tuoi giochi, come sviluppatore di giochi puoi anche scegliere di aggiornare un gioco esistente. Enjin offre kit di sviluppo software (SDK) con cui è possibile integrare la tecnologia blockchain in giochi già pubblicati.

  Questo può ridurre i costi ed è un modo per combattere le frodi. In molti giochi c'è un sacco di "gold farming" in corso, dove i commercianti fanno grandi guadagni scambiando denaro del gioco.
  Questi coltivatori d'oro portano scompiglio nell'economia del gioco e i creatori non hanno idea dei flussi di denaro coinvolti. Con la tecnologia blockchain tutte le transazioni sono trasparenti e tutti possono vedere come scorre il denaro.

- **Creare giochi decentralizzati**
  Poiché Enjin Coin è basato sulla blockchain di
  Ethereum, è possibile utilizzare contratti
  intelligenti per far funzionare i giochi in modo
  decentralizzato. Questo significa che un gioco
  funziona in modo completamente autonomo e
  tutto è controllato automaticamente dal codice
  di programmazione.

- **Stimolare il giocatore**
  Sulla piattaforma Enjin puoi creare i tuoi token
  per il tuo gioco. Dato che è il tuo gioco, puoi
  anche decidere quale funzione vuoi dare al
  token. Un esempio di questo potrebbe essere
  che per il gioco di calcio FIFA crei i cosiddetti
  token FIFA. Stabilisci in anticipo che i vincitori di
  una partita di calcio vinceranno 100 gettoni FIFA
  e che questi gettoni rappresentano un valore
  combinato di 1 euro. In questo modo si crea un
  incentivo extra per i vostri giocatori e questo
  può beneficiare del gameplay.

- **Premiare i membri della comunità**
  Puoi anche usare i tuoi token per far crescere la
  tua comunità di gioco. Per esempio, puoi dare ai
  membri dei token quando sono stati online per
  30 giorni di fila o quando hanno introdotto nuovi
  membri. Questi token possono poi essere
  venduti anche per euro e quindi rappresentano
  un valore reale.

## Vantaggi di Enjin Coin

1. **La tecnologia Blockchain porta sicurezza e fiducia nell'industria del gioco.** I giochi di oggi sono altamente sofisticati e i giocatori vogliono che i loro dati siano adeguatamente protetti. Blockchain è la tecnologia perfetta per questo.

2. **Possiedi veramente un bene di gioco e puoi anche scambiarlo con altri beni all'interno di diversi giochi.** Puoi anche scegliere di creare il tuo nuovo oggetto e inserirlo nel gioco.

3. **Offrono un kit di sviluppo software specifico per gli sviluppatori di giochi.** Questo permette di migliorare i giochi esistenti e di crearne di nuovi basati sulla tecnologia blockchain.

4. **Enjin offre una soluzione alle frodi nei giochi.** Sono spesso attivi i truffatori che usano trucchi intelligenti per prendere i tuoi soldi del gioco. Grazie alla sicurezza e alla trasparenza della blockchain, questo è ora molto più difficile.

5. **I beni del gioco hanno un valore reale.** Grazie alla piattaforma Enjin puoi scambiare i tuoi beni con denaro reale o con beni di altri giochi.

6. **È possibile creare le proprie risorse e introdurle nel gioco.** Si può poi guadagnare con queste risorse.

7. **Gli sviluppatori di giochi possono creare il proprio token e stimolare i giocatori e i membri della comunità.** È possibile fondere il token che appartiene al gioco in Enjin Coins e venderli per euro.

# Il gettone di Enjin Coin: ENJ

La moneta Enjin è basata sulla rete di Ethereum ed è quindi un token ERC20. Questo permette anche alla moneta di essere utilizzata per i contratti intelligenti. Enjin è uno dei primi progetti ad adottare la rete Raiden di Ethereum. Questa rete è simile alla rete Lightning di Bitcoin, ma per Ethereum. Questa rete permette alla piattaforma di elaborare più transazioni.

## Distribuzione del token

Nel novembre 2017, il team ha raccolto denaro attraverso una Initial Coin Offering (ICO). Durante questa offerta di monete, volevano raccogliere 25 milioni di dollari e sono riusciti a raggiungere la soglia dei 23 milioni. L'80% del numero totale di monete è stato venduto durante questa ICO e il restante 20% è stato distribuito tra il team, i consulenti e i vari programmi di ricompensa.

## Portafoglio adatto per il token

ENJ può essere memorizzato su un portafoglio hardware così come sulla borsa. Questo è raccomandato nella maggior parte dei casi, poiché possiedi la chiave privata e sei quindi il proprietario effettivo delle monete. Il portafoglio hardware più noto in questo momento è il Ledger Nano S.

Enjin ha anche un proprio portafoglio di criptovalute e supporta anche Bitcoin, Ethereum, Litecoin e token

ERC20, ERC721 e ERC1155. È disponibile sia per Android che per IOS.

### Enjin Coin avrà la propria blockchain?

Attualmente, la Enjin Coin è basata sulla blockchain di Ethereum. Per ora, non ci sono piani per creare una propria blockchain. Forse lavoreranno su questo in futuro, ma purtroppo a causa della mancanza della Roadmap 2021, non abbiamo una visione su questo per ora.

### Concorrenti

I maggiori concorrenti di Enjin Coin sono GameCredits e WAX.

Secondo Enjin, c'è una differenza sostanziale tra i due però. Il suo CMO, Elija Rolovic, dice che Enjin Coin è l'"Ethereum del gioco" e i suoi concorrenti sono semplici giochi/mercati centralizzati che per caso trasportano criptovalute. A quanto pare, c'è una sana rivalità.

Enjin Coin aggiunge i benefici della blockchain all'industria del gioco in continua espansione. Con una grande azienda esistente dietro il progetto e una ICO di successo, le risorse finanziarie dovrebbero essere buone. Resta da vedere se il team porterà a termine i suoi piani. È un peccato che non abbiano ancora pubblicato una tabella di marcia per il 2019. In questo modo non sappiamo su cosa stanno lavorando. Ma, un gigante della tecnologia come Samsung ovviamente non entra in affari con qualsiasi azienda, quindi questo è un segno molto positivo.

# Blockchain di flusso (FLOW)

I NFT sono in giro da più tempo di quanto si possa pensare. Negli ultimi mesi, i Non-Fungible Tokens sono stati di nuovo selvaggiamente popolari, ma questo hype c'era anche nel 2017-2018. Allora, il gioco blockchain CryptoKitties era estremamente popolare.

Così popolare, infatti, che la blockchain di Ethereum su cui si trovavano le CryptoKitties non poteva più gestire il numero di transazioni, con il risultato che i costi delle transazioni sono aumentati drammaticamente.

Gli sviluppatori di CryptoKitties erano insoddisfatti delle prestazioni della blockchain Ethereum e hanno iniziato a sviluppare la propria blockchain: Flow Blockchain (FLOW). Flow è una nuova blockchain costruita per la prossima generazione di app, giochi e i beni digitali che li alimentano.

Flow è quindi una blockchain finalizzata a ciò che Ethereum non era per le CryptoKitties nel 2017-2018. La blockchain è progettata per essere veloce, scalabile, decentralizzata e facile da costruire per gli sviluppatori.

Flow vuole quindi diventare la blockchain per gli sviluppatori su cui costruire app, giochi e beni digitali. Il Flow Playground rende il più facile possibile per gli sviluppatori fare questo.

Ci sono quattro pilastri che distinguono Flow dalle altre blockchain:

- Architettura blockchain unica con 4 ruoli - scalabilità senza sharding.

- I nodi collettori aumentano l'efficienza della rete.

- I nodi di esecuzione forniscono velocità e scalabilità

- I nodi di verifica garantiscono la correttezza dei dati sulla blockchain

- I nodi di consenso assicurano la decentralizzazione

- Linguaggio di programmazione facile da usare chiamato Cadence

- L'interfaccia amichevole per il cliente - i conti Flow facilitano il pagamento delle spese di transazione e il recupero delle chiavi private perse dagli utenti

Da allora Flow ha creato un'impressionante comunità di partner con partner come NBA, UFC e Ubisoft.

# Decentraland (MANA).

Il terzo promettente progetto crypto NFT è Decentraland (LAND & MANA). Decentraland è esattamente quello che ci si aspetta se si legge attentamente il nome: è un mondo di realtà virtuale decentralizzato alimentato dalla blockchain di Ethereum.

All'interno della piattaforma Decentraland, gli utenti possono creare, sperimentare e generare entrate da contenuti e applicazioni. A grandi linee, è simile a Sims, Simcity e Second Life, ma con una netta differenza: il mondo è decentralizzato ed è costruito sulla blockchain Ethereum.

Decentraland ha due token: un token ERC-721 non fungibile, chiamato LAND, e un token ERC-20 'normale', chiamato MANA, che è usato come criptovaluta nel gioco. Il mondo di Decentraland, il 'Metaverso', è diviso in 90.601 pezzi di LAND chiamati pacchi. Ogni pacco ha una dimensione di 16m per 16m.

Lo spazio virtuale 3D all'interno di Decentraland si chiama LAND. LAND può essere acquistato come giocatore con MANA. La blockchain di Ethereum tiene traccia di chi possiede quale pezzo di LAND. È importante sapere che il mondo di Decentraland non può diventare più grande o più piccolo.

I proprietari di LAND possiedono quindi un pezzo di proprietà virtuale sotto forma di un Token non fungibile. Su questo pezzo di terra all'interno del mondo virtuale di Decentraland, i proprietari possono fare e fare quello che vogliono: sono i proprietari di quel pezzo di terra.

I proprietari di LAND possono quindi iniziare a costruire il loro pezzo di mondo virtuale. Per mezzo dei kit di sviluppo software di Decentraland, i proprietari di LAND possono facilmente costruire cose come scene 3D statiche, ma anche applicazioni interattive e giochi.

Quello che succede spesso è che l'arte digitale sotto forma di un NFT viene messa su un pezzo di TERRA. I giocatori possono poi acquistare questa arte digitale con MANA.

Il Metaverso, come detto sopra, consiste solo di circa 90000 pezzi di TERRA. Questo crea scarsità e fa salire il prezzo di un pezzo di TERRA, proprio come è più costoso vivere a New York che in Ohio.

Nel Marketplace di Decentraland puoi vedere e comprare i pezzi di terra virtuali. In questo momento il pezzo di terra più economico è in vendita per 9440 MANA. Convertito in dollari questo ammonterebbe a circa 4000 dollari.

Oltre a LAND, i giocatori possono anche acquistare o guadagnare oggetti da collezione, come un vestito, partecipando a eventi speciali. Questi oggetti di gioco sono anche tokenizzati, il che significa che c'è un token collegato. In questo caso, si tratta di gettoni non fungibili.

Infine, ciò che rende Decentraland unico è il loro DAO. DAO sta per Decentralized Autonomous Orginization. Un DAO può effettivamente essere visto come un governo che opera sulla base di contratti intelligenti. Attraverso il DAO, l'utente ha il controllo sulle politiche che vengono messe in atto per determinare come si comporta il mondo.

Per esempio, decidono quali tipi di oggetti portatili sono permessi e si occupano della moderazione dei contenuti, delle politiche LAND e delle aste. Ogni partecipante alla rete Decentraland può votare con il proprio portafoglio Ethereum. Il potere di impatto del tuo voto dipende da quanto MANA e quanto LAND possiedi.

Tutto sommato, Decentraland è un criptoprogetto NFT perché non riguarda principalmente oggetti da collezione o arte digitale, ma beni immobili digitali sotto forma di un Token non fungibile. Il progetto cripto è stato in giro per un certo numero di anni, ma ad oggi è in fase di ricostruzione.

# Worldwide Asset eXchange (WAX)

Dai beni immobili digitali sotto forma di NFT, stiamo ora passando a un mercato per NFT. Il Worldwide Asset eXchange, noto come WAX, si definisce il modo più sicuro e conveniente per creare, comprare, vendere e scambiare oggetti virtuali - per chiunque, ovunque nel mondo. WAX ha costruito una piattaforma incentrata sulla creazione di transazioni efficienti utilizzando la tecnologia blockchain.

WAX concentra i suoi sforzi per rendere le transazioni sulla loro rete il più agevole, efficiente e sicuro possibile.

L'industria dei giochi è enorme. A livello globale, più di 50 miliardi di dollari di oggetti di gioco vengono venduti da 500 milioni di giocatori ogni anno. WAX è un marketplace per beni digitali e serve oltre 400 milioni di giocatori online che vendono, comprano e raccolgono oggetti di gioco.

Quindi si può paragonare a un Bol.com o un Amazon focalizzato sul mercato dei Token non fungibili. WAX fornisce transazioni fluide e veloci utilizzando un algoritmo di consenso Delegated Proof Of Stake. Leggi di più sull'algoritmo di consenso Delegated Proof Of Stake qui.

L'ecosistema WAX è incentrato sull'industria dei giochi e dei collezionabili digitali. Attraverso la rete WAX, gli utenti possiedono veramente i loro oggetti digitali da collezione o in-game. Quindi, in termini generali, questo è simile a Enjin Coin. Ciò che rende WAX unico è il loro kit di creazione NFT che rende molto facile per gli sviluppatori tokenizzare i prodotti sotto forma di un Non-Fungible Token.

Inoltre, il team di WAX è composto da dipendenti con anni di esperienza nell'industria del gioco. Infatti, WAX è stata fondata da OPSkins. OPSkins era il più grande marketplace del mondo per comprare e vendere in modo sicuro oggetti digitali.

La piattaforma WAX è già in pieno uso. Per esempio, Deadmou5, un produttore house e dubstep, ha venduto i suoi NFT sulla piattaforma crypto NFT.

# Il Sandbox (SAND)

Un progetto cripto NFT che è in competizione con Decentraland è The Sandbox (SAND). The Sandbox, come Decentraland, è un mondo virtuale dove i giocatori possono costruire, possedere e fare soldi con le cose sulla blockchain Ethereum utilizzando SAND, la criptovaluta della piattaforma. Sandbox si distingue da Decentraland con un mondo molto simile a Minecraft e Roblox.

Poiché il gioco gira sulla blockchain di Ethereum e tutti gli oggetti di gioco possono essere tokenizzati sotto forma di NFT, il gioco permette agli utenti di avere la reale proprietà delle loro creazioni. Inoltre, i giocatori sono ricompensati per la loro partecipazione nella criptovaluta scambiabile ERC-20 del mondo di The Sandbox chiamata SAND.

Il gioco è attualmente ancora in sviluppo ed è previsto per quest'anno.

Nel mercato dei giochi di oggi, il contenuto creato dai giocatori è ancora di proprietà degli sviluppatori del gioco, e non dei giocatori che hanno costruito il contenuto nel gioco. Se qualcuno costruisce un mondo gigantesco e super interattivo in Minecraft non è ancora proprietario di quel mondo, è lo sviluppatore del gioco.

Inoltre, il controllo centralizzato sul commercio degli oggetti di gioco realizzati dai giocatori limita il valore reale delle loro creazioni. Inoltre, può essere difficile dimostrare la proprietà delle creazioni: non c'è una vera prova che sei stato il primo a costruire un mondo simile in Minecraft.

The Sandbox vuole porre fine a questo fenomeno, gettando tutti gli oggetti di gioco sotto forma di gettoni non fungibili (NFT). L'ecosistema Sandbox è composto da 3 elementi.

### Editor di voxel

Il Voxel Editor è un programma di modellazione 3D facile da usare che permette ai giocatori di creare nel gioco oggetti 3D come pupazzi, animali, piante, edifici e strumenti. Questi oggetti 3D, una volta costruiti, diventano un gettone non fungibile chiamato ASSET. Questi ASSET possono essere acquistati e venduti nel Mercato di The Sandbox.

### Mercato

In The Sandbox Marketplace, gli utenti possono caricare, pubblicare e vendere le loro creazioni (ASSET) come NFT (sia ERC-721 che ERC-1155 crypto token). Possono anche visualizzare e acquistare gli ASSET di altri giocatori qui.

### Modalità Game Maker

L'ultima e anche la più importante parte dell'ecosistema Sandbox è il gioco stesso. Simile a Decentraland, lo spazio virtuale nel mondo di The Sandbox è diviso in gettoni ERC-721 non fungibili chiamati LAND. Attraverso la modalità Game Maker, gli utenti possono facilmente "trascinare" i loro ASSET nel mondo quando hanno un pezzo di LAND. Questo permette ai giocatori di decorare e personalizzare la propria terra come meglio credono.

Usando gli NFT, gli utenti di Sandbox avranno accesso a certi benefici come:

- Proprietà digitale reale dei beni in gioco.

- Sicurezza e inamovibilità dei beni in gioco.

- Scambio di beni digitali senza un intermediario.

- Interoperabilità tra diversi giochi: ASSET, LAND e altri elementi di gioco possono essere utilizzati in altri giochi.

La criptovaluta SAND è il fulcro di The Sandbox. Come per Decentraland, il token SAND può essere utilizzato per votare attraverso il DAO. Inoltre, i possessori di SAND possono anche mettere in gioco il loro SAND per generare reddito passivo.

# Splyt: Combinazione di e-commerce e NFT

Splyt è un'infrastruttura NFT per alimentare i mercati finanziari e di e-commerce decentralizzati. La sua più grande forza è il suo focus sulle piattaforme di e-commerce. Il progetto prende l'attuale hype NFT e lo trasforma in un caso d'uso reale.

Mentre molti progetti usano gli NFT solo come oggetti da collezione, Splyt dà ad ogni NFT una funzione all'interno di una catena di approvvigionamento.

Come, vi chiederete? Il nucleo del progetto è piuttosto semplice. Ogni articolo nell'inventario di un negozio online è contrassegnato dal proprio NFT, o eNFT come piace chiamarlo a Splyt. Così facendo, il protocollo crea un sistema di e-commerce migliore e più efficiente che aiuta acquirenti, venditori e marketplace a risparmiare tempo e denaro automatizzando le principali funzioni di intermediazione.

Caricando il loro intero inventario nell'ecosistema Splyt, ogni venditore può incoraggiare gli altri a vendere i loro prodotti e pagargli automaticamente una commissione per farlo.

Chiunque può creare un negozio online Shopify - Powered by Splyt e iniziare a vendere i prodotti disponibili nel sistema Splyt.

Connettersi a Splyt non solo ha dei vantaggi nella gestione della catena di approvvigionamento, ma aumenta notevolmente la portata dei venditori. E questo è in definitiva l'aspetto più importante dell'e-commerce, raggiungere il cliente.

Ogni articolo può essere facilmente rintracciato fino alla sua origine e attraverso ogni passo della catena di fornitura, mostrando al cliente un processo aperto e trasparente.

La tecnologia blockchain dietro di essa verifica ogni passo del processo e crea una catena di eventi non modificabile.

Questo permette ad ogni cliente di sapere quando, dove e come il prodotto è stato creato e infine portato a casa sua. Questo pezzo di trasparenza è qualcosa che attualmente non è ampiamente disponibile.

**Le aziende che utilizzano il sistema di database eNTF hanno i seguenti vantaggi:**

- Visione costante dello stock sia nei magazzini che sulla strada

- Atteggiamento aperto e trasparente verso i clienti

- Ottimizzazione delle vendite degli affiliati verificando ogni passo della catena di fornitura

- Il dropshipping è più trasparente ed efficiente

L'unico problema per le marche che permettono a terzi di ridistribuire il loro prodotto è il fatto che i prezzi sono molto gonfiati e i negozi di dropshipping hanno generalmente un servizio clienti scadente.

Le marche appariranno imperfette quando il negozio di dropshipping avrà problemi, che saranno eliminati utilizzando il protocollo Splyt.

Il marchio effettivo può provare la sua parte della catena di approvvigionamento, e confermare che il negozio di dropshipping è responsabile per il pezzo finale della consegna del prodotto.

# Le funzioni del protocollo Splyt

Poiché Splyt è costruito su Polkadot, può godere delle transazioni veloci, delle commissioni di transazione quasi nulle e dell'elaborazione istantanea dell'ecosistema Polkadot. La tecnologia sottostante che Splyt utilizza è abbastanza complessa, ed è descritta in dettaglio nel loro documento tecnico. Tuttavia, vorremmo toccare brevemente ogni caratteristica del protocollo Splyt per ottenere una comprensione più ampia della missione e delle ambizioni dell'azienda;

**Gestione globale dell'inventario:** Con la creazione di un NFT unico per articolo, i venditori conosceranno il loro vero inventario in ogni momento. Spingendo tutto sulla blockchain, l'inventario è costantemente verificato e reso senza tempo.

**Pagamenti istantanei degli affiliati:** Dopo una vendita di successo dall'inventario globale, le vendite degli affiliati riceveranno pagamenti istantanei. Nel modo tradizionale delle vendite di affiliazione, questi pagamenti richiedono lunghi periodi di transazione a causa di problemi di verifica. Attraverso la tecnologia blockchain, le vendite possono essere verificate istantaneamente e i pagamenti avvengono istantaneamente.

**Sistema di reputazione universale:** Tutto ciò che accade su una blockchain rimane lì per sempre. Quindi, qualsiasi negozio online che utilizza il protocollo Splyt otterrà una certa reputazione nel tempo. Questo aumenta l'ordine se gestiscono correttamente gli ordini, prevengono le controversie e in generale si prendono cura dei clienti.

**Gestione delle controversie:** Tutte le controversie che sorgono tra cliente e venditore, o tra venditore e affiliato possono essere semplificate utilizzando il protocollo Splyt. Poiché ogni passo è verificabile, la confusione viene eliminata e le controversie possono essere risolte prima che si verifichino.

**Beni DeFi del mondo reale:** L'inventario tokenizzato può essere usato come garanzia per finanziamenti decentralizzati fuori catena. L'esatta meccanica dietro questa caratteristica sarà condivisa dal team Splyt in una fase successiva.

**Analisi del mercato:** Tutto ciò che accade ai negozi online di un venditore è verificato sulla blockchain, quindi le analisi sulla catena possono aiutare i venditori a massimizzare le vendite con intuizioni intelligenti.

Il protocollo Splyt offre anche la funzione Real World DeFi Assets, una caratteristica innovativa che può essere uno dei componenti più importanti nel rendere Splyt la potenza che merita di essere. La liquidità è molto importante per i marchi emergenti e spesso non hanno l'accesso al capitale di cui hanno bisogno.

Splyt offre prestiti garantiti, che possono essere un servizio molto importante per queste marche emergenti.

Questi marchi possono prendere prestiti dall'ecosistema Splyt e mettere il loro inventario come garanzia, che viene conservato in strutture di stoccaggio centralizzate.

I prodotti sono ancora disponibili per la vendita online e il mutuatario ripaga l'importo preso in prestito. Se il mutuatario non rispetta l'accordo, Splyt può liquidare l'inventario attraverso una vendita flash e chiudere il contratto di prestito.

L'inventario collaterale allargato minimizza il rischio coinvolto, il libro bianco cita un esempio di un prestito di 10.000 dollari su 40.000 dollari di inventario. Questo varia da caso a caso e viene determinato in base ai dati raccolti dal mercato.

Le caratteristiche che abbiamo elencato sopra, mostrano l'unicità e la complessità del protocollo Splyt.

Anche se il loro protocollo è vario, il progetto ha scelto una direzione chiara scegliendo un mercato selezionato piuttosto che cercare di essere un tuttofare come molti altri progetti.

# Il token $Shop

Il cuore del protocollo è il token SHOP. Il token è stato portato in vita per creare incentivi per i venditori, i clienti e gli esterni per mantenere e far crescere continuamente l'ecosistema Splyt.

Chiunque possieda i token SHOP può guadagnare ricompense e avere diritti di voto per decidere come l'ecosistema continua ad evolversi.

**Ci sono quattro funzioni primarie del token Shopx:**

- Dando agli utenti l'accesso a Splyt Core e permettendo così agli individui di comprare e vendere l'inventario sulla blockchain globale dell'inventario.

- Scoraggiando comportamenti malevoli come lo spamming della rete, frodare altri membri dell'ecosistema, o non partecipare a comportamenti del mondo reale che riflettono gli accordi sulla catena.

- Incoraggiare i rivenditori partecipanti a raggruppare l'inventario in modo ridondante nei sistemi di e-commerce legacy, riducendo le barriere che permettono alle aziende oligopolistiche di prosperare nell'attuale regime di e-commerce.

- Compensare gli individui, come gli arbitri e i validatori di liste, che aiutano a garantire l'integrità dell'ecosistema Splyt Core in un ambiente di base.

Oltre a questo, i possessori di token SHOP saranno in grado di distribuire i loro token in una varietà di modi, sia brevi che lunghi, bloccati e flessibili.

## Collaborazioni Splyt

Le uniche cose che contano per il successo di un progetto al giorno d'oggi sono la tecnologia, la squadra e le partnership. Splyt non è da nessuna parte senza che le persone usino effettivamente il loro prodotto.

A differenza di anni fa, quando un progetto come Splyt annunciava il suo progetto senza alcuna partnership, Splyt ha ora superato questo aspetto in modo importante. Vorremmo menzionare quattro partnership in particolare.

## Maison Du

Maison Du è la partnership che aggiunge più valore alla proposta di Splyt. Attraverso Maison Du, una piattaforma di e-commerce per il mercato del lusso, il primo caso d'uso di Splyt sarà quello di distribuire effettivamente il suo prodotto.

Maison Du non è solo un altro negozio di dropshipping, piuttosto è un giocatore importante nel mondo della vendita al dettaglio online. Con più di 700 marchi, più di 1.100 filiali e più di 1.000 transazioni di testnet, Maison Du è pronta a iniziare a utilizzare il prodotto Splyt su larga scala immediatamente.

**Master Ventures**

All'inizio di febbraio, Master Ventures ha annunciato ufficialmente la sua partnership con Splyt.

La parte più grande della partnership è quella di covare Splyt e portarlo alle masse.

Negli ultimi mesi, si può dire che Master Ventures ha avuto un discreto successo nel far sì che ciò accadesse. Con le vendite private oltre 100 volte in eccesso, c'è molta domanda e hype intorno al progetto.

Inoltre, è stata Master Ventures a stabilire la connessione con il seguente partner.

**Rete a pagamento**

Cos'è il lancio di un progetto senza una piattaforma di lancio decente? Splyt ha collaborato con Paid Network per ospitare la loro vendita pubblica sulla piattaforma Ignition.

Ultimamente, Paid è stato in tutto il settore con decine di partnership, e un sacco di amore per la loro comunità.

Con una comunità composta da migliaia di membri,
Splyt è ora sotto i riflettori.

**Ponte Mutua**

Nella loro più recente partnership con Bridge Mutual,
una piattaforma decentralizzata di copertura del rischio,
Splyt integrerà l'applicazione di copertura del rischio di
Bridge Mutual nella loro interfaccia.

Come dichiarato nel loro articolo di annuncio, questo è
fatto fondendo il loro widget sulla piattaforma Splyt per
fornire un'esperienza senza soluzione di continuità per i
nostri utenti, garantendo la possibilità di acquistare la
copertura per i loro scambi senza preoccupazioni.

Splyt ha iniziato il suo viaggio nel 2016 quando due
fondatori si sono incontrati e hanno allineato le loro
visioni. Nel 2017, i due hanno iniziato a creare i primi
contratti intelligenti e poi sono seguiti anni di sviluppo.
Attualmente, c'è una rete di prova funzionante che è
pronta per iniziare a muoversi e accettare utenti. La loro
mainnet apparirà nel primo trimestre del 2021.

Guardando oltre, l'attuale roadmap di Splyt non è molto
dettagliata e grande, ma copre la strada per il prossimo
anno. Inoltre, gli elementi elencati nella roadmap di
Splyt sono pietre miliari importanti che non possono
essere ignorate come l'integrazione con Polkadot,
l'integrazione con Shopify e WooCommerce e molto
altro ancora all'orizzonte.

Il futuro sembra luminoso, ma tutto si riduce a trovare i partner giusti per utilizzare il prodotto.

Splyt è un nuovo progetto con l'ambizione di rimodellare il commercio elettronico introducendo gli NFT, utilizzando la tecnologia blockchain e rendendo l'intero processo più fluido.

La visione è ambiziosa, ma tutto si riduce alla giusta esecuzione per vedere se possono raggiungere le loro ambizioni. Il commercio elettronico è una tendenza in crescita da anni che è aperta all'adattamento di nuove tecnologie, ma la tecnologia blockchain deve ancora fondersi con questo settore.

Se Splyt riesce a collaborare con le aziende giuste, guadagnare abbastanza trazione e normalizzare l'uso degli NFT, potremmo potenzialmente vedere Splyt gestire milioni di transazioni, raggiungendo un grande market cap. Un passo fondamentale in questo processo è la loro migrazione alla Polkadot Blockchain.

Questo migliorerà la velocità delle transazioni e ridurrà il costo delle transazioni, poiché la Blockchain di Ethereum è attualmente molto più lenta di Polkadot.

# Polkadot (DOT)

Polkadot è stato avviato dal dottor Gavin Wood, co-fondatore di Ethereum e inventore di Solidity, il linguaggio di programmazione dei contratti intelligenti sulla blockchain Ethereum. Wood era frustrato dalla velocità di progressione di Ethereum 2.0 così ha iniziato la Fondazione Web3 insieme a Robert Habermeier e Peter Czaban.

Polkadot è stato successivamente fondato dalla Fondazione Web3. Alla fine del 2017, la Fondazione Web3 ha condotto una ICO basata sul Polkadot Whitepaper. Con i proventi di questa ICO, la Fondazione Web3 si è poi messa al lavoro. A metà del 2019, la Fondazione Web3 ha lanciato il testnet finale di Polkadot, chiamato Kusama.

Durante il periodo della rete di prova Kusama, sono stati testati elementi chiave di Polkadot come lo sharding e lo strike. Nel maggio 2020, il primo blocco della blockchain Polkadot è stato lanciato; il blocco genesi.

Polkadot è un protocollo open-source di sharding-multichain che permette il trasferimento cross-chain di dati o tipi di asset, quindi non solo token, rendendo una vasta gamma di blockchain interoperabili tra loro.

Un bel boccone tecnico, ma Polkadot si distingue principalmente per il suo unico meccanismo di sharding, ma soprattutto per permettere a diverse blockchain (cross-chain) di interagire tra loro senza problemi: interoperabilità.

Questa interoperabilità decentralizzata tra diverse blockchain aiuta a dare forma alla visione di Polkadot.

**Come funziona l'interoperabilità di Polkadot**

La principale caratteristica distintiva di Polkadot è l'interoperabilità cross-chain. Con questa interoperabilità, Polkadot vuole creare una rete completamente decentralizzata e privata, controllata dai suoi utenti.

Con questa rete, Polkadot vuole rendere più facile la creazione di nuove applicazioni e servizi. Il protocollo di rete lo fa collegando blockchain pubbliche e private, oracoli e tecnologie future.

Queste blockchain indipendenti sono chiamate "parachain". Ne parleremo più tardi. Questo permette a queste blockchain indipendenti di condividere in modo affidabile le informazioni e le transazioni nel nucleo della blockchain Polkadot; la catena del relè. Di nuovo, approfondiremo questo aspetto più tardi.

Questo rende possibile costruire applicazioni con dati approvati da una blockchain privata e usarli su una blockchain pubblica.

Per esempio, i dati accademici privati e approvati di una scuola possono inviare un certificato di passaggio a uno smart contract per la verifica del diploma su una blockchain pubblica.

**Passaggio di messaggi a catena incrociata: il protocollo XCMP**

In futuro, Polkadot vuole fornire una maggiore interoperabilità tra le diverse parachain attraverso il cross-chain message passing (XCMP). Questo permetterà alle blockchain indipendenti, i parachain, di connettersi tra loro. XCMP è attualmente in fase di sviluppo e i dettagli sono soggetti a modifiche. Attraverso XCMP, i contratti intelligenti da un parachain potrebbero innescare un contatto intelligente da un altro parachain.

**La scalabilità di Polkadot**

Il problema numero uno per il Bitcoin e le criptovalute in generale è la scalabilità. Molte blockchain sono attualmente afflitte dalla lentezza delle transazioni e da alti costi di transazione.

Per esempio, i costi di transazione sulla blockchain Ethereum sono attualmente incredibilmente alti a causa del fatto che la blockchain Ethereum è utilizzata dalla maggior parte del settore DeFi.

Polkadot è stato concepito come una soluzione alla scalabilità delle blockchain come Ethereum, il cui throughput delle transazioni è gravemente limitato dalla necessità di ogni nodo di convalidare ogni transazione.

Polkadot fa uso di sharding. Lo sharding è una tecnica in cui non tutti i nodi devono verificare ogni transazione. Infatti, le transazioni sono distribuite tra più parti della rete, chiamate shard.

Questi frammenti, d'altra parte, sono noti come parachain a Polkadot. Polkadot risolve il problema della scalabilità con un'architettura blockchain unica nel suo genere.

**Catena e paracadute a relè**

La Relay Chain è il componente più significativo e centrale dell'architettura di Polkadot. La Relay Chain collega tutte le diverse blockchain o shard della rete Polkadot. La Relay Chain fornisce il consenso reciproco (accordo) tra le varie blockchain, note come parachain, così come la già menzionata interoperabilità cross-chain.

Sulla Catena di Staffetta, entrambi i validatori di Polkadot si occupano dei token DOT e verificano per la Catena di Staffetta. La Relay Chain ha solo alcune responsabilità, come la comunicazione con il sistema di governance, le aste di parachain e il coinvolgimento del meccanismo di consenso. Tra un momento, approfondiremo questo aspetto.

L'aspetto più critico della Relay Chain è che garantisce che le transazioni da tutte le parachain della rete possano essere gestite in modo sicuro allo stesso tempo. La scalabilità della rete migliorerebbe come risultato di questo. Altri compiti sono assegnati ai paracaduti, ognuno dei quali ha la sua implementazione e le sue caratteristiche.

Le singole blockchain che possono fornire i propri token e adattare le loro caratteristiche per particolari casi d'uso sono chiamate parachain. La Relay Chain collega tutte le parachain insieme. Le parachain, d'altra parte, possono essere adattate a un'applicazione specifica.

Questo significa che i team che usano una parachain hanno più funzionalità, prestazioni e protezione che se usassero la loro blockchain generale. Inoltre, utilizzando Substrate, una piattaforma per la creazione di blockchain su Polkadot, i team o le aziende possono ridurre drasticamente il tempo necessario per creare una blockchain.

I validatori collegati alla Catena di Relè verificano i dati nel Parachain. Vale anche la pena di menzionare che la Catena di Relè non può essere collegata a un numero infinito di parachain.

Polkadot finanzia solo un piccolo numero di paracadute, stimato in circa 100 al momento.

Polkadot usa le aste di slot parachain, o aste in breve, poiché il numero di slot è piccolo. Le aste sul parachain sono solo questo: aste.

Gli offerenti di Parachains parteciperanno all'asta indicando la loro posizione preferita sulla Relay Chain e la quantità di token DOT che sono disposti a pagare.

Gli offerenti di Parachains possono farlo di tasca propria o usare la funzionalità crowdloan per raccogliere DOT dalla comunità.

**Ponti Polkadot**

Come indicato in precedenza, l'interoperabilità e il trasferimento incrociato di dati sono caratteristiche importanti della blockchain Polkadot. Il trasferimento cross-chain si riferisce al trasferimento di dati tra diverse blockchain indipendenti.

Questa proprietà cross-chain è creata, tra le altre cose, dai cosiddetti ponti. I ponti, o blockchain bridges, sono modi in cui due blockchains indipendenti e tecnologicamente diverse possono comunicare tra loro.

Per esempio, la blockchain Bitcoin o la blockchain Ethereum possono essere collegate alla rete Polkadot tramite un ponte.

**L'algoritmo di consenso di Polkadot**
Con le valute blockchain, è importante che tutti i dati sulla blockchain siano concordati da tutti i membri della rete (nodi). In altre parole, tutti i partecipanti alla rete devono concordare che le informazioni sulla blockchain siano accurate.

L'algoritmo di consenso è usato per fare questo. Maggiori informazioni sugli algoritmi di consenso possono essere trovate qui. Polkadot impiega un algoritmo di consenso unico conosciuto come Nominated Proof of Stake (NPoS). Questa è una variante del sistema Proof of Stake.

## Nominatori

La Relay Chain è assicurata da nominatori che selezionano validatori affidabili e che picchettano DOT. Puoi diventare un nominatore se sei un utente e detentore di token DOT che vuole vincere più DOT colpendo ma non vuole assumersi l'onere di gestire un nodo che deve essere online 24 ore al giorno, 7 giorni alla settimana.

## Validatori

I validatori proteggono la Relay Chain impilando DOT, validando i certificati di blocco dai collatori e collaborando con altri validatori per raggiungere il consenso. Il dispositivo di Polkadot seleziona i validatori alcune volte al giorno. Nelle prossime ore, questi validatori giocheranno un ruolo critico in protocolli altamente sensibili come la creazione dei blocchi.

## Raccoglitori

I collettori mantengono un nodo completo di uno specifico Parachain. Ciò significa che conservano tutte le informazioni necessarie per scrivere nuovi blocchi ed eseguire transazioni. In circostanze normali, raccoglieranno ed eseguiranno transazioni per creare un blocco non sigillato e forniranno questo, insieme ad una prova di transizione di stato, ai validatori responsabili di proporre un blocco Parachain.

Poiché sono nodi a tutti gli effetti, ogni collettore conosce l'altro come peer. Questo rende possibile l'invio di messaggi dalla parrocchia A alla parrocchia B; interoperabilità.

## Pescatori

I pescatori saranno aggiunti alla rete Polkadot in futuro, ma attualmente non sono accessibili. Il compito dei pescatori è quello di tenere d'occhio i Collatori. Di conseguenza, essi tracciano il processo di creazione di nuovi blocchi e transazioni per assicurare che non vengano inclusi cambiamenti di stato non validi.

## Il governo di Polkadot

Polkadot (DOT) si distingue ancora di più in termini di come il suo governo, o governance, è organizzato. La governance di una criptovaluta si occupa del suo futuro: eventuali miglioramenti e modifiche della rete.

L'aggiornamento di una blockchain in altre criptovalute è spesso un metodo complicato e che richiede tempo. In realtà, un cosiddetto hard fork è spesso il prodotto di un aggiornamento.

Un hard fork può richiedere mesi per essere completato e può anche causare la disintegrazione di una comunità di criptovalute. L'hard fork di Bitcoin Cash ne è un esempio (BCH). Una porzione significativa del gruppo Bitcoin Cash era originariamente parte della comunità Bitcoin, ma se n'è andata a causa di una disputa sulla dimensione del blocco di Bitcoin.

Polkadot adotta un approccio diverso implementando un modello di governance aperto e decentralizzato che dà potere agli utenti. Questo viene chiamato da Polkadot "governance della rete guidata dagli utenti" o "gestione della rete guidata dagli utenti". La governance di Polkadot è composta da tutti i soggetti che vogliono farne parte.

Votando i referendum con il token DOT, questi stakeholder si impegneranno nella governance. I referendum sono sistemi di voto di base basati sui token DOT che sono stati messi in gioco. Ogni referendum ha una proposta distinta. I referendum possono essere avviati in vari modi:

- Proposte presentate pubblicamente dalla comunità Polkadot.
- Proposte presentate dal Consiglio.
- Proposte presentate come parte della determinazione di un precedente referendum.
- Proposte di emergenza presentate dal Comitato Tecnico e approvate dal Consiglio.

Il sistema di governance di Polkadot è composto dai membri del Consiglio, dal Comitato Tecnico e da tutte le parti interessate che votano con i token DOT che sono stati ritirati.

Con i loro token DOT interrotti, i possessori di token DOT voteranno sui referendum e faranno proposte pubbliche di referendum.

Il Consiglio è composto da membri che sono stati scelti dai titolari di DOT. I referendum e i voti a favore o contro le misure di emergenza sono proposti dal Consiglio.

A differenza del Consiglio, il Comitato Tecnico è selezionato dal Consiglio sulla base di una specifica formale del protocollo Polkadot piuttosto che tramite votazione.

In collaborazione con il Consiglio, il Comitato Tecnico redigerà dei referendum di emergenza che possono essere votati e adottati rapidamente. Questi numeri di emergenza devono essere utilizzati solo in caso di emergenza della rete Polkadot.

# Il token DOT

Tokenomics è lo studio di come i token funzionano all'interno del più ampio ecosistema di una criptovaluta. Quel token nel caso di Polkadot è il token DOT. L'ecosistema di Polkadot include il token DOT in una varietà di posti, tra cui la governance e lo sciopero.

### Governo del DOT

Come accennato in precedenza, la prima caratteristica di DOT è quella di concedere ai titolari di DOT la possibilità di monitorare la governance della piattaforma. Il sistema di governance è responsabile per decidere le tariffe della rete (costi di trading), l'aggiunta o la rimozione di paracaduti, ed eventi speciali come gli aggiornamenti e le riparazioni della rete Polkadot. Polkadot richiede che qualcuno con un DOT prenda parte alla governance.

### Puntate di DOT.

DOT è anche usato nel sistema di consenso di Polkadot: Nominated Proof of Stake, oltre al meccanismo di governo (NPoS). Gli scioperi esistono per mantenere la rete Polkadot in funzione e per permettere che le transazioni legittime abbiano luogo sui paracaduti.

I detentori di DOT colpiscono (schierano) i loro DOT in cambio di una ricompensa. D'altra parte, se i membri malintenzionati della rete non rispettano le regole, vengono disciplinati. La loro puntata (schieramento) viene revocata.

Polkadot è sulla buona strada per completare il suo piano. La rete stava ancora usando Proof of Authority al momento del lancio della criptovaluta, ma ora sta operando con successo sull'algoritmo di consenso NPoS da qualche tempo.

Polkadot, d'altra parte, è tutt'altro che finito. Al momento in cui scriviamo, la criptomoneta consiste solo nella Relay Chain, il cuore della rete.

Sulle reti di prova di parachain, la funzionalità di parachain è attualmente in fase di test e di correzione dei bug. Le prime aste di parachain, in cui saranno selezionati i primi parachain ufficiali, avranno luogo nel prossimo futuro.

Molti analisti credono che le criptovalute che si assicurano uno spot paracadutale vedrebbero un aumento significativo dei prezzi.

Polkadot è una delle altcoin più performanti nel 2020, il che non sorprende. La criptovaluta è un progetto molto ambizioso che, come Ethereum, aspira ad essere un nuovo tipo di internet che collega varie blockchain.

# Conclusione

A questo punto dovresti avere una buona idea di come condurre la tua valutazione del rischio quando si tratta di investimenti, vendita e trading di NFT. Prima di iniziare e spendere soldi, assicurati di avere un piano, prendi in considerazione la tassa sul gas, fai le tue ricerche, e sii ansioso di conoscere il valore dei beni digitali che vuoi comprare.

Non comprate un'idea senza sapere cosa otterrete per i vostri soldi, o potreste finire per comprare un jpeg troppo costoso che non venderete mai.

O se sei un artista, abbiamo fornito i nostri 5 migliori mercati, come iniziare a vendere i tuoi NFT, e le ragioni per cui potrebbero essere la migliore opzione per te per iniziare a vendere il tuo lavoro come NFT.

Oltre a questo, e non potremmo ripeterlo abbastanza; la singola regola più importante per investire in NFT e venderli è quella di istruirsi sull'hype prima di iniziare.

Fateci sapere cosa ne pensate del libro, e se si è rivelato utile, per favore lasciateci una recensione in modo che anche altri possano beneficiarne.

Grazie per aver letto il nostro libro, e buona fortuna per i tuoi futuri investimenti e per il trading NFT!

# I nostri libri

Dai un'occhiata al nostro altro libro per saperne di più sul trading di criptovalute, sugli investimenti, su come trarre profitto e sui consigli e le strategie essenziali per un inizio a prova di fallimento nell'universo delle criptovalute.

Unisciti all'esclusivo circolo editoriale di Stellar Moon!

Avrai accesso immediato alla mailing list con gli aggiornamenti dei nostri esperti ogni settimana!

**Iscriviti qui oggi:**